LA EXPERIEN MADRE BIOLÓGICA A TRAVÉS DE LA ADOPCIÓN

Michelle Lee Graham

La experiencia de una madre biológica a través de la adopción

Editora: Alexa Tanen

Ilustradora: Yelyzaveta Serdyuk

Formato: Rocio Monroy

Fotógrafa: Stephanie Adkisson

Dedicado a mi primer nieto, Thomas Jeffrey.

Que siempre conozcas nuestra historia.

El reloj marcaba las 8:00 pm, era hora de dormir para Daniel, Jacob y Rachel. Era hora de comenzar la rutina nocturna de prepararnos para ir a la cama, contar cuentos y decir nuestras oraciones.

Rachel se acurrucó en sus colchas calientitas, sus hermosos ojos azules asomándose,
—Mami, ¿me cuentas de nuevo sobre mi hermana, Sarah? —Les encantaba escuchar sobre su hermana mayor y nuestra historia de adopción.

—Érase una vez, antes de que alguno de ustedes naciera, mamá tenía otra bebé en su pancita. Esta bebé, Sarah, era muy especial. Ella fue mi primera bebé.

—¡La amaba tanto! Quería que Sarah tuviera todas las cosas que una niña desea y necesita para crecer. Yo no tenía esas cosas para darle, porque todavía era muy joven.

—Busqué por todas partes una mamá y un papá que pudieran darle a Sarah todo lo que necesitaba. Finalmente, encontré la familia perfecta para mi pequeña. La amarían como si fuera de ellos mismos. Este fue mi trabajo más importante como su madre biológica y, con la ayuda de Dios, ¡todos nos convertimos en una familia!

Rachel se sujetó de mi cuello con un gran y cálido abrazo,
—¡Te amo mucho, mami!

Con el paso de los años, esperábamos ansiosamente las fotografías y cartas de la familia de Sarah. A todos nos encantaba ver y leer sobre la vida de Sarah.

En días festivos celebrábamos a Sarah de formas especiales. Yo decoraba un huevo de Pascua con su nombre. Todos los años, colgaba una esfera para ella en el árbol de Navidad. Ella siempre era recordada en todo lo que hacíamos.

Con el paso de los años, tuve dos hijos más,
Lauren y Mason. Aun, con una casa llena de cinco hijos,
las tradiciones de celebrar a Sarah continuaban.

El reloj marcaba las 8:00 pm; era hora de dormir para Lauren y Mason. Era hora de comenzar nuestra rutina nocturna de prepararlos para ir a la cama, contar cuentos y decir nuestras oraciones.

Lauren se acurrucó en sus colchas calientitas,
sus hermosos ojos asomándose,
—Mami, ¿podré conocer a Sarah algún día? —Me incliné y le
susurré al oído: «Nunca perderé las esperanzas».

Lauren me sujetó del cuello en un gran y cálido abrazo,
—¡Creo que a Sarah le gustaría conocerte!

Pasaron más años y, un día, en lugar de una carta de la mamá y el papá de Sarah, recibimos una carta de Sarah, quien ya era adulta. Quería conocernos.

El día que Sarah nos vendría a visitar, todos estábamos emocionados. Ella era parte de la familia y había sido amada toda su vida.

Yo era la más emocionada de todos.

Nuestra primera visita se prolongó hasta altas horas de la noche. Sarah no quería irse y yo tampoco quería que se fuera. Nos abrazamos con fuerza. Cuando llegó el momento de despedirnos, sabíamos que este era solo el comienzo de nuestra vida juntas.

En los años siguientes, Sarah y yo continuamos construyendo nuestra relación especial.

Hicimos viajes, celebramos las fiestas y hablábamos todos los días.

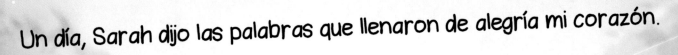

Un día, Sarah dijo las palabras que llenaron de alegría mi corazón.

—¡Siempre supe que me amabas!

Siempre estaré agradecida con la mamá y el papá
de Sarah por recordarle constantemente
cuánto la amaba su mamá biológica.

ACERCA DE LA AUTORA

*"Estoy orgullosa de ser una madre y compartir
mi historia personal contigo"*

http://michelleleegraham.com/

OTROS LIBROS DE MICHELLE:

La experiencia de una niña a través de la adopción. Desde la perspectiva de una niña adoptada, esta historia muestra la crianza y el amor que le brindaron sus padres adoptivos. Los hermosos recordatorios de que siempre fue valorada y amada desde el principio de su vida, tanto por ellos como por su madre biológica. Prepárate para experimentar una hermosa historia que se extiende por toda una vida y ofrece un futuro de esperanza y amor, mostrando la adopción como siempre se esperó que fuera.

OTROS LIBROS DE MICHELLE:

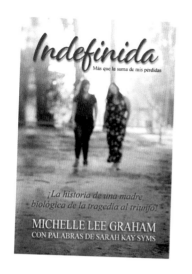

Todos los libros están disponibles en inglés

Disponibles en

Escanea el código para obtener tu propia copia

Made in the USA
Middletown, DE
10 September 2024

60756618R00015